WENN DU EINE KATZE LIEBST

GESCHRIEBEN VON **M. H. Clark**

ILLUSTRIERT UND GESTALTET VON **Jessica Phoenix**

Wenn du eine Katze liebst, wirst du immer wieder auserwählt, jeden Tag, ein Leben lang.

Der Platz auf deinem Schoß ist vergeben,
ebenso der Platz in deinem Herzen.

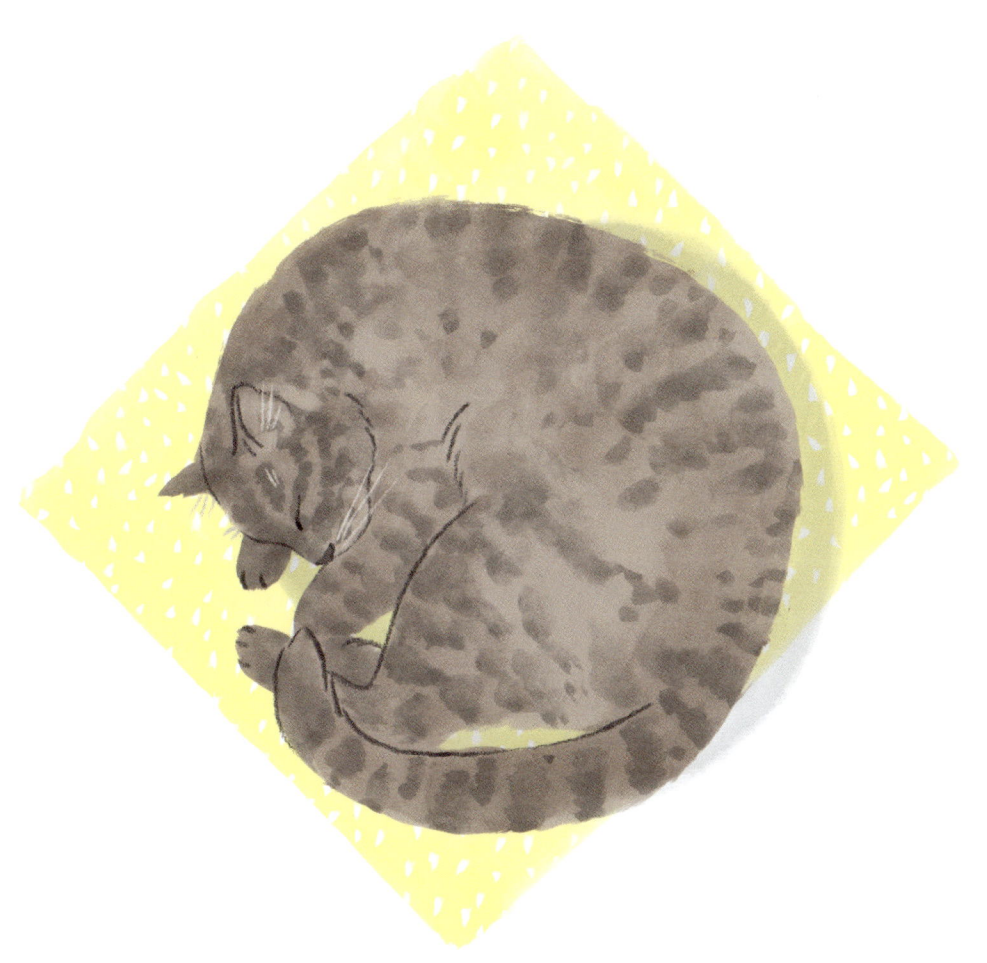

Die täglichen Abläufe sind albern,
einfach und schön,

und irgendwie wird jeder kleine Moment
ein bisschen größer.

Die Tage
gewinnen an Bedeutung.

Wenn du eine Katze liebst, wirst du gebraucht –
zum Kuscheln in der Nacht und
an langen Nachmittagen.

Da ist ein Lieblingsschatten,

der dir von Raum zu Raum folgt.

Wenn du eine Katze liebst, sprichst du
eine Sprache der kleinen Töne und Gesten.

(Es ist eine geheime Sprache, aber ihr
beide wisst, was sie bedeutet.)

Es bedarf keiner Worte.
Alles ist vertraut.

Und es ist immer wunderbar –
so wunderbar, dass du da bist.

Wenn du eine Katze liebst, ist der
Augenblick im Hier und Jetzt lebenswert.
Genau hier, vor diesem Fenster,
bei diesem Fleckchen Sonne.

Du wirst geschätzt – deine Aufmerksamkeit, deine Zeit.

Und ein Kopf schmiegt sich glücklich an dich,
um zu sagen: *wir gehören zusammen.*

Es gibt eine Zeit zum Spielen,

eine Zeit zum Teilen und eine Zeit zum Genießen.

Und eine Zeit, um nichts zu tun,
außer einfach zufrieden zu sein.

Wenn du eine Katze liebst, teilst du alles –
die grauen Tage und das Licht.

———

Und das ist mehr als genug.
Denn manchmal bedeutet es alles – Teil von
etwas so Einfachem und Richtigem sein zu dürfen.

———

Wenn du eine Katze liebst, wurdest du auserwählt.
Und du erkennst, es sollte so sein …

Das ist ein ganz besonderes Geschenk –
denn dieses Wesen hat mich auserwählt.

MIT SPEZIELLEM DANK AN DIE GESAMTE COMPENDIUM-FAMILIE.

Geschrieben von M. H. Clark
Illustriert und gestaltet von Jessica Phoenix
Art Direction von Megan Gandt Guansing
Übersetzt von Gerda Maria Pum
Buchsatz deutsche Ausgabe: Jeanette Frieberg,
Buchgestaltung | Mediendesign, Leipzig

Adrian & Wimmelbuchverlag GmbH
Friedrichstraße 126
10117 Berlin

www.adrian-verlag.de
Alle Rechte vorbehalten.
Printed 2024 in EU
ISBN: 9783948638665

FSC
www.fsc.org

MIX
Papier | Fördert
gute Waldnutzung
FSC® C106954